AF554646

CHAMBRE DE COMMERCE DU HAVRE

RESPONSABILITÉ DES ACCIDENTS

DONT LES OUVRIERS SONT VICTIMES

Séance du 16 Mai 1884

Présidence de M. MALLET, Président

HAVRE

Imprimerie BRENIER & Ce, rue Beauverger, 2

1884

CHAMBRE DE COMMERCE DU HAVRE

RESPONSABILITÉ DES ACCIDENTS

DONT LES OUVRIERS SONT VICTIMES

Séance du 16 Mai 1884

Présidence de M. MALLET, Président

HAVRE

Imprimerie BRENIER & Ce, rue Beauverger, 2

—

1884

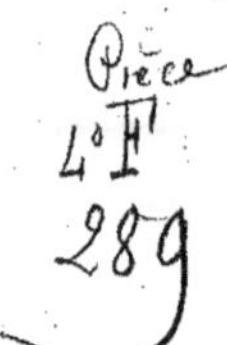

CHAMBRE DE COMMERCE DU HAVRE

RESPONSABILITÉ DES ACCIDENTS

DONT LES OUVRIERS SONT VICTIMES

Séance du 16 Mai 1884

Présidence de M. MALLET, Président

Sont présents : M. Bazan, conseiller général, remplaçant M. le Sous-Préfet empêché ; M. Mallet, président ; M. Latham, vice-président ; et MM. Delaroche, Toussaint, Siegfried, Devot, De Coninck, Deschamps, Blanchard, Humbert, Couvert et Caron, membres de la Chambre.

L'ordre du jour appelle la discussion du rapport suivant, déposé à une précédente séance par M. Humbert, au nom de la Commission chargée d'étudier la question de la responsabilité des accidents dont les ouvriers sont victimes.

MESSIEURS,

On est généralement d'accord pour reconnaître que la législation actuelle sur les responsabilités en matière d'accidents, législation qui remonte au commencement du siècle, n'est plus en harmonie avec la situation nouvelle créée par le développement de l'industrie, et par la substitution du travail mécanique au travail manuel. Il est incontestable que l'exercice de certaines industries met l'ouvrier en présence de causes, en quelque sorte permanentes, de dangers qui n'existaient pas autrefois, et que la plus grande prévoyance ne permet pas toujours d'éviter.

De là, la nécessité d'entourer l'ouvrier de plus de garanties que ne lui en donne la stricte application des règles du droit commun, qui le laissent désarmé lorsque la cause de l'accident est insaisissable, ainsi que cela a lieu assez souvent; ou bien encore lorsqu'il n'y a ni faute ni négligence personnelle du patron.

D'autre part, les plaintes sont générales sur les lenteurs et les frais considérables de la procédure; il en résulte, pour l'ouvrier blessé, une situation dont il est facile de saisir les inconvénients.

Enfin, une jurisprudence s'est établie dans ces dernières années, qui tend à mettre à la charge des industriels des indemnités tellement considérables, que ceux mêmes qui ont le soin de s'assurer, et c'est le plus grand nombre, ne peuvent s'empêcher d'y voir une menace constante pour l'existence même de leurs entreprises.

Que dire aussi de cette anomalie choquante, ou plutôt de cet arbitraire, qui fait que les indemnités, pour des accidents en tout semblables, sont fixées, suivant l'appréciation des tribunaux, et suivant les localités, à des chiffres extrêmement variables, et souvent exorbitants. Nous en avons quelques exemples frappants dans les décisions des tribunaux de la localité.

L'accord est unanime sur ces points, nous le répétons, ainsi que sur l'urgence d'une réforme. Mais où les divergences apparaissent, c'est sur la meilleure manière d'opérer cette réforme.

Et de fait, plus on étudie la question, plus on s'aperçoit qu'elle est complexe. C'est à la fois une question sociale et une question de droit, et c'est toujours une chose grave que de s'attaquer à l'un des principes établis dans notre Code civil; parfois la moindre dérogation peut apporter le trouble dans les garanties que chacun doit y trouver.

Les difficultés que présente la solution du problème sont attestées par les nombreux projets, contre-projets, et amendements, déposés à la Chambre des députés, ainsi que par les longues discussions qui ont eu lieu à deux reprises différentes au sein de cette assemblée, sans qu'il en soit sorti d'indications précises sur les décisions à adopter.

Aussi votre Commission, pour se former une opinion, a-t-elle été obligée de réunir et d'étudier de nombreux documents : projets de loi, propositions diverses, discussions, rapports de Chambres de commerce et de Chambres syndicales, etc. ; de se renseigner sur la législation des pays voisins, où l'industrie tient une place importante, comme l'Angleterre, l'Allemagne et la Suisse.

Une première fois déjà, votre Commission avait arrêté ses résolutions, lorsqu'est intervenu un dernier projet de la Commission parlementaire, qui, reprenant dans leur entier les travaux précédents, est revenue devant la Chambre des députés avec une œuvre entièrement nouvelle.

Ce projet, déposé le 16 février dernier, a nécessité de notre part un examen complet ; nous venons vous en rendre compte aujourd'hui.

La Commission parlementaire maintient tout d'abord le régime du droit commun, non sans y apporter toutefois, en ce qui concerne le mode de preuve et la procédure, des modifications importantes, qu'il y a lieu, à notre avis, d'accueillir différemment ; nous y reviendrons tout à l'heure.

Le projet établit ensuite pour certaines industries, en particulier pour celles qui font usage d'un moteur mécanique, une responsabilité spéciale à raison du risque professionnel, responsabilité dont les conséquences sont ici limitées d'une façon précise.

C'est sur ces deux points que se concentre l'économie des nouvelles propositions.

Contrairement à la pensée des auteurs de la plupart des projets antérieurs, la Commission parlementaire n'a pas voulu priver l'ouvrier du bénéfice du droit commun ; elle a voulu qu'il pût user de ce droit, et réclamer, comme il est loisible à tout citoyen de le faire, une indemnité représentative du préjudice causé.

Elle repousse en conséquence le système qui consiste à tarifer à maxima, et d'une façon absolue, la réparation de tout dommage.

Nous savons que ce système existe en Angleterre et en Suisse ; mais il nous paraît difficile, avec nos idées de justice, de le faire entrer dans la législation française.

La responsabilité de droit commun est donc maintenue en faveur de l'ouvrier employé dans les usines, manufactures, fabriques, chantiers, etc., comme pour tous les autres.

Mais, par une première dérogation au régime actuel, et c'est le point sur lequel portent nos observations, une présomption légale, en cas d'accidents, est établie contre l'industriel ; c'est-à-dire que, contrairement à la règle générale qui veut qu'en toute action judiciaire le demandeur soit tenu de faire la preuve des faits allégués, ce soin incombera désormais au défendeur chef d'établissement, autrement dit, au patron.

En fait, c'est le renversement des rôles, et l'on voit tout de suite quelle est la gravité de l'innovation.

Responsable du risque professionnel, c'est-à-dire de tous les accidents dus à la force majeure, à des cas fortuits, ou même à la propre imprudence de la victime (1), le patron le serait encore dans toute action en réparation de dommage, que l'ouvrier ou ses ayants-droit croiraient devoir lui intenter. Le ou les intéressés n'auraient simplement qu'à formuler leur demande, et aussitôt le patron, présumé coupable, se trouverait dans l'obligation, sans qu'aucun fait ait été articulé, de rechercher et d'établir que l'accident ne peut lui être imputé.

Or, combien d'accidents dont les causes restent indéterminées! Par conséquent le patron, qu'il y ait ou non faute de sa part, devra le plus souvent succomber.

La Commission parlementaire, pour justifier l'important changement qu'elle introduit dans la loi, invoque cette considération qu'il y a lieu de faciliter à l'ouvrier la recherche de la vérité et d'accélérer l'instance.

Mais quand déjà il est créé une exception en faveur de l'ouvrier, pour les dangers imputables à l'exercice de la profession ; quand la certitude lui est donnée que dans ce cas il sera toujours indemnisé, certitude qu'il n'a pas aujourd'hui, faut-il encore l'affranchir des règles imposées à tous en matière de droit commun ? Faut-il imputer à faute un citoyen par cela seul que ce citoyen est un industriel ? La raison, la justice, comme aussi ce principe supérieur d'ordre public qui veut que chacun soit responsable de ses actes, s'opposent absolument à l'adoption d'une semblable théorie, qui ne conduirait rien moins qu'à

(1) Les statistiques fournies au cours des débats parlementaires montrent que, sur cent accidents survenus dans des établissements industriels, 12 0/0 sont dus à la faute du patron, 20 0/0 à celle des ouvriers, et 68 0/0 à des cas fortuits, ou de force majeure.

détruire l'égalité dans la protection que la loi accorde à tous les particuliers.

Par conséquent l'ouvrier qui, en dehors de la responsabilité spéciale qui incombe au patron, invoque le droit commun, doit, pour introduire sa demande devant les tribunaux, fournir la preuve des faits sur lesquels il s'appuie, et la présomption légale que l'on voudrait faire peser sur l'industriel doit disparaître.

Une raison de plus pour ne pas s'écarter de la règle générale, dans la circonstance, c'est que l'on propose de simplifier la procédure, et que les difficultés que rencontre actuellement l'ouvrier ne seraient plus à redouter par lui.

En effet, par une seconde dérogation aux règles du droit commun, la Commission parlementaire range au nombre des affaires sommaires les demandes en dommages-intérêts intentées en vertu des articles 1382 à 1386 du Code civil. Il suffira, dans ce but, d'une simple adjonction à l'article 404 du Code de procédure civile.

Cette disposition, qui répond pleinement à l'un des vœux de votre Commission, en simplifiant la procédure, en la rendant plus expéditive et moins dispendieuse, devait avoir son approbation.

Nous croyons utile d'ajouter qu'elle s'applique non pas seulement aux affaires en responsabilité intentées par les ouvriers des usines ou des fabriques, mais à toute action basée sur les articles 1382 à 1386 du Code, quelle que soit la qualité du plaideur.

Il nous faut dire maintenant en quoi consiste le risque professionnel.

« Le risque professionnel — dit la Commission parlementaire — » se définit de lui-même. Il comprend d'abord et avant tout les » accidents provenant de cas fortuits ou de force majeure. Il com- » prend également les accidents dus à ces distractions, à ces dé- » faillances inévitables de l'ouvrier que la répétition quotidienne » d'un travail dangereux habitue insensiblement à négliger les pré- » cautions nécessaires, et qui se familiarisera avec le péril au point » de se laisser entraîner à des témérités imprudentes, mais inhérentes » au travail lui-même. »

Il s'agit là pour le chef d'établissement, qu'on le remarque bien, non pas d'une simple présomption légale ; ce que la loi a voulu établir, c'est une responsabilité effective, limitée quant aux chiffres des indemnités, mais toujours applicable ; les conséquences des accidents professionnels éprouvés par les ouvriers deviennent en quelque sorte une des charges ordinaires de l'exploitation.

Une grosse objection que rencontre ce système, c'est que l'action en responsabilité, pour risque professionnel, ne met pas obstacle à l'action en responsabilité de droit commun ; toutes deux peuvent être intentées parallèlement.

Nous reconnaissons qu'il en peut être ainsi en principe. Mais si nous comprenons bien la loi, il arrivera, en fait, que pour tout accident rangé dans la catégorie des risques professionnels, et qui par cela même n'est imputable à personne, l'action en responsabilité de droit commun manquera de base, et ne pourra être soutenue. C'est dans cet ordre d'idées que devra se placer le juge, en s'inspirant exactement des considérants du projet, faute de quoi cette loi nouvelle serait une aggravation de charges pour le patron en le plaçant en face de deux responsabilités, et, par suite, peut-être de deux condamnations.

Une distinction devra s'établir forcément, par la jurisprudence, entre les accidents, qui formeront deux catégories : les uns résultant d'une faute lourde, et tombant sous l'application du droit commun, les autres rentrant sous l'application de la responsabilité spéciale établie par la loi nouvelle ; c'est là, en résumé, que réside le principal remède à la législation actuelle.

Aujourd'hui, en effet, ou l'ouvrier victime d'un accident purement professionnel ne reçoit absolument rien, parce que la responsabilité du patron n'est pas bien établie ; ou bien le juge, devant lequel on se plaira à exposer sous son jour le plus sombre la situation de femmes et d'enfants privés de l'assistance de leur chef, est porté à n'envisager que cette seule situation, et condamne l'industriel à des indemnités exagérées.

A l'avenir, si le patron supporte toutes les conséquences du risque professionnel, il sera du moins à l'abri d'éventualités devenues pour lui, dans ces dernières années, fort inquiétantes.

S'il reste sous le coup de la responsabilité de droit commun, ce ne sera plus que pour des accidents imputables à sa propre faute, et, dès lors, il n'aura qu'à s'incliner devant la loi. Mais, d'abord, il s'ingéniera à les éviter.

On a vu, par ce qui précède, que la responsabilité en matière de risques professionnels est limitée.

La Commission parlementaire a fixé, en effet, les indemnités aux chiffres des pensions et secours que la Caisse nationale d'accidents, établie par la loi du 11 juillet 1868, alloue actuellement à l'assuré, ou aux ayants-droit de l'assuré, lorsque la prime annuelle est de 8 fr.

Dans ce cas, la pension varie de 290 à 624 fr., suivant l'âge de l'assuré (12 à 65 ans).

Il ne s'agit toutefois que des accidents ayant occasionné une incapacité absolue de travail.

Pour les accidents entraînant seulement l'incapacité du travail de la profession, la pension est réduite à moitié.

De plus, si l'accident a occasionné la mort, des secours sont alloués, dans des proportions déterminées, à la veuve et aux enfants mineurs, ou, à leur défaut, au père ou à la mère sexagénaire de l'assuré.

L'idée de faire intervenir la loi de 1868 est une idée qui nous a paru heureuse. Cette loi, trop peu connue, et que nous avons dû nous-mêmes étudier, nous l'avouons, contient des dispositions très libérales, et l'on s'étonne qu'elle n'ait pas reçu jusqu'à présent une plus large application. Ainsi, en dehors des particuliers qui peuvent s'assurer directement contre les accidents, les industriels peuvent s'adresser à la caisse pour l'assurance collective des ouvriers qu'ils emploient. Qui plus est, l'assurance collective est faite avec ou sans clause de substitution, et lorsque la clause de substitution a été stipulée, deux combinaisons sont encore offertes : l'une, avec nombre fixe d'assurés ; l'autre avec nombre variable.

Il est vrai que pour l'assurance avec substitution, celle dont nous avons à nous occuper, car elle est la seule qui s'applique aux établissements industriels, une formalité, sur laquelle nous reviendrons tout à l'heure, en rend la pratique à peu près impossible.

Est-ce là une des causes pour lesquelles la loi de 1868 n'a pas reçu jusqu'à présent une plus large application ? On peut l'admettre. Il faut dire cependant qu'en 1868, à l'époque du vote de la loi, l'outillage mécanique n'avait pas acquis le développement qu'il a aujourd'hui, et que d'autre part la jurisprudence n'avait pas, à l'égard des patrons, le caractère menaçant qu'elle a pris depuis quelques années. Le besoin de l'assurance collective, en 1868, ne se faisait dès lors que faiblement sentir.

La situation change avec la responsabilité du risque professionnel, et le rôle de la caisse nationale d'assurances peut devenir ici très utile, surtout avec la clause de substitution, et le nombre variable des assurés.

A cet égard, le décret du 13 août 1877, portant règlement d'administration publique pour l'exécution de la loi du 11 juillet 1868, contient ceci :

« Dans le second cas (le cas de l'assurance avec clause de substi-
» tution), il n'est pas délivré de livret individuel, et le souscripteur
» de l'assurance, après avoir payé la prime calculée sur le nombre
» moyen d'ouvriers qu'il compte occuper pendant l'année, peut,
» pendant toute sa durée, faire mentionner, sur la liste qu'il a produite,
» les changements survenus dans le personnel assuré. A la fin de
» l'année, le montant définitif de la prime est arrêté d'après le nombre
» moyen des ouvriers occupés chaque jour, et donne lieu, soit à un
» versement complémentaire, soit à un remboursement, ledit verse-
» ment ou remboursement augmenté des intérêts à quatre pour cent. »

Tout nous paraît bien combiné dans ces dispositions, *sauf l'obligation de produire des listes nominatives*, et c'est la formalité que nous signalions à votre attention. Elle paralyse l'action de la loi dans l'un de ses points essentiels, et si l'on veut en obtenir des résultats, une modification est indispensable.

La Chambre sait que dans presque tous les établissements industriels, le nombre des ouvriers est extrêmement variable ; des augmentations ou des diminutions très sensibles ont lieu dans l'espace d'une quinzaine, d'une semaine, et même parfois du matin au soir. C'est ce qui arrive, par exemple, pour les établissements qui ont à recevoir des marchandises, soit par navires, soit par voies ferrées, et pour les industriels qui reçoivent des ordres d'exécution urgents, d'inégale importance.

Obliger le patron, dans ces conditions, à produire des listes nominatives, c'est le mettre en face d'une impossibilité matérielle.

Les Compagnies d'assurances l'ont bien compris. Les noms des ouvriers n'ont rien à voir dans leurs polices; le nombre seul en est la base, et suffit pour opérer la perception des primes. La marche suivie est des plus simples; chaque industriel tient jour par jour un carnet ou livre de paie des journées d'ouvriers employés, son livre de caisse devient preuve, et ces livres sont tenus à la disposition des Compagnies, qui ont le droit de les vérifier aussi souvent qu'elles le jugent convenable.

Pourquoi n'en serait-il pas de même à l'égard de la Caisse nationale d'assurances en cas d'accidents? En pourrait-il résulter des difficultés ? Nous n'en voyons pas.

On dira peut-être que le recours à la caisse d'assurances établie par la loi de 1868 n'est pas obligatoire, et que la Commission parlementaire n'en parle que pour la fixation de l'indemnité.

C'est vrai.

Mais nous pensons que sur le terrain où s'est placée la Commission parlementaire, la loi nouvelle a pour corollaire la loi de 1868 ; elles se complètent l'une l'autre, et il faut chercher par conséquent les moyens de les rendre applicables.

Disons, en passant, que la Caisse nationale d'assurances en cas d'accidents est dans une situation prospère; si nous ne nous trompons, ses derniers bilans accusent un actif assez considérable. Or, la caisse ne devant pas faire de bénéfices, il serait juste de faire servir les excédants de recettes à l'augmentation des pensions, particulièrement à l'augmentation des secours alloués aux veuves et aux enfants mineurs, secours trop limités, à notre avis.

A un autre point de vue, nous ajouterons que le décret du 13 août 1877, contenant règlement d'administration publique pour l'exécution de la loi de 1868, institue, au chef-lieu d'arrondissement, pour donner son avis sur les demandes de pensions viagères ou de secours, un Comité composé, sous la présidence du préfet ou du sous-préfet, d'un ingénieur, d'un médecin et de deux membres de Sociétés de secours mutuels, lesquels peuvent être remplacés par des chefs d'industrie, des contre-maîtres ou des ouvriers.

Préalablement, lorsqu'un ouvrier assuré est atteint par un accident grave, le maire, aussitôt prévenu, dresse procès-verbal des circonstances et de la nature de cet accident. Il charge ensuite un médecin de constater l'état du blessé; puis le dossier est transmis au Comité, qui donne son avis dans le délai de 10 jours, au point de vue du degré d'incapacité de travail.

La connaissance des actions en indemnité pour risques professionnels étant déférée au juge-de-paix, c'est, en résumé, sur l'avis du Comité, si l'assurance à la caisse nationale devient la règle, comme nous l'espèrons, que le juge-de-paix sera appelé à se prononcer.

Au cas où l'industriel aurait contracté une assurance avec une Compagnie particulière, au cas même où il aurait été son propre assureur — car c'est là un des côtés particuliers de la loi, qu'elle le laisse entièrement libre d'agir comme bon lui semble — la procédure sera également très simple. Le juge-de-paix sera appelé à se prononcer sur une constatation matérielle. S'il y a doute dans son esprit sur les conséquences finales de l'accident, il lui sera loisible d'ajourner sa décision et de commettre un médecin pour attester l'état du malade.

Toutes les constatations matérielles une fois faites, la fixation de l'indemnité s'ensuit virtuellement dans les limites déterminées.

Les jugements du juge-de-paix ne seront pas susceptibles d'appel.

La Commission parlementaire a pensé que la décision dépendant d'une vérification de fait, l'appel ne pouvait apporter aucun élément nouveau à la cause, et que l'on devait éviter les lenteurs et les frais d'une seconde juridiction.

Nous n'avons rien à objecter contre cette procédure, qui répond entièrement à l'un des vœux que nous-mêmes nous avions exprimé avant de connaître le nouveau projet de la Commission parlementaire.

Les autres dispositions n'ayant trait qu'à l'application des règles que nous venons d'indiquer, nous croyons inutile de nous y arrêter.

Nous ferons seulement remarquer que dans le cas où l'accident donnerait ouverture à une action en responsabilité de droit commun et à une action portant sur le risque professionnel, les indemnités allouées ne pourraient se cumuler.

Il ne nous reste plus qu'à vous signaler une lacune dont on ne saurait contester l'importance. La loi n'accorde rien au blessé au moment de l'accident.

La Commission parlementaire compte un peu sur l'initiative, sur la prévoyance de l'ouvrier, pour lui faciliter les moyens de traverser ces moments d'épreuves, et aussi sur l'action des Sociétés de secours mutuels qui sont à la portée de tous, et dont c'est le rôle principal de venir en aide à leurs associés en cas de maladie.

Mieux inspirée dans une première rédaction, la Commission parlementaire avait inscrit le pouvoir, pour le juge-de-paix, *d'accorder une provision.*

Elle a rayé en dernier lieu ces trois mots, par la raison que la provision n'est ni payée par la Caisse nationale d'assurances, ni en conséquence couverte par la prime annuelle de 8 francs.

Cette raison ne nous a pas paru déterminante. La pensée qui a dicté la loi nouvelle est avant tout une pensée d'humanité, et quand le mal est là, bien reconnu, bien évident, il n'y a pas à hésiter. A côté de l'ouvrier blessé ou mort, même après une maladie plus ou moins longue, il y a souvent toute une famille n'ayant pour vivre que le salaire de son chef. A ceux-là le secours peut venir, mais il peut aussi se faire attendre, manquer même, et jusqu'à ce qu'une décision ait été prise sur l'allocation de la pension, c'est la misère inévitable.

Nous demandons en conséquence, d'une façon expresse, le rétablissement de la disposition donnant au juge-de-paix la faculté d'accorder une provision selon que paraîtront l'exiger les circonstances, en limitant toutefois le maximum au demi-salaire quotidien du blessé, plus les frais de maladie, c'est-à-dire les frais médicaux et pharmaceutiques. Votre commission pense, en effet, qu'il est utile de déterminer d'avance la quotité maximum du secours, ne serait-ce que pour faciliter au juge l'impartialité en ces matières complexes, en le garantissant, le cas échéant, d'un premier entraînement de sensibilité qui pourrait encourager le malade à prolonger, au-delà du temps nécessaire, son chômage ou sa convalescence.

A défaut de la Caisse d'assurances, l'industriel supportera la dépense de cette provision, laquelle, du reste, ne nous paraît pas constituer une charge tellement lourde qu'elle ne puisse lui être imposée (1). En

(1) Il résulte d'un compte-rendu publié par la Compagnie d'assurances *La Préservatrice*, pour l'année 1882, que sur 24,000 sinistres réglés par elle, environ 22,000 étaient de la nature de ceux dont il s'agit ici ; ils ne lui ont coûté, dans les conditions que nous indiquons, que 30 fr. environ, en moyenne, par accident.

Suisse, en cas d'accident, même d'accident causé par l'imprudence de la victime, le patron est tenu aux premiers secours et paiement des frais de maladie et d'inhumation.

Là se bornent, Messieurs, nos appréciations sur la question que vous nous avez chargés d'examiner, question très complexe, nous le répétons, et à laquelle cependant le nouveau projet de la Commission parlementaire a fait faire un grand pas.

Est-ce à dire que les solutions proposées, après avoir été rectifiées, modifiées et améliorées dans le sens que nous indiquons, répondent à tous les vœux ? Nous n'y comptons pas. Mais avec la Commission parlementaire, nous dirons qu'il faut s'attacher, pour obtenir quelque chose, à voir ce qui est possible, et en dehors des points que nous vous avons signalés, son œuvre nous paraît inspirée des seules idées réellement pratiques, au moins quant à présent.

En somme, Messieurs, le projet de loi de la Commission parlementaire, modifié et complété comme nous venons de le dire, présente, sur la législation actuelle, les avantages suivants :

Il donne prompte justice, par l'application de l'article 404 du Code de procédure, réputant *matières sommaires* ces demandes en indemnité pour cause d'accident.

En outre, il établit, pour le risque professionnel, une responsabilité spéciale bien précisée pour le patron, dans ses causes et dans ses applications, et qui, dans la proportion de 70 0/0 des accidents qui surviennent, par cas fortuits ou de force majeure, donne, à l'ouvrier blessé, satisfaction par un secours certain, auquel, dans la plupart des cas, il n'aurait aucun droit aujourd'hui.

Nous concluons donc, Messieurs, en vous proposant de donner votre appui au projet de la Commission parlementaire présenté le 16 février dernier à la Chambre des députés, mais sous la réserve des modifications ci-après :

1° Suppression de la présomption légale établie à l'égard du patron à l'article 2 ;

2° Rendre possible les assurances collectives à la Caisse nationale d'assurances en cas d'accidents, en supprimant, pour les déclarations avec clause de substitution, l'obligation de fournir des listes nominatives, et en adoptant, pour base du règlement des primes, le nombre seul des ouvriers assurés, primes qui seront alors calculées sur le taux de cotisation initiale de 8 francs par an, soit 0 fr. 0219 par journée de travail, avec règlement par déclarations mensuelles ou trimestrielles ;

3° Donner au juge-de-paix le pouvoir, quand les circonstances l'exigeront, d'accorder une provision, en mettant la dépense à la charge de l'industriel, sans dépasser toutefois la moitié du salaire quotidien du blessé, plus les frais médicaux et pharmaceutiques ;

4° Enfin, émettre le vœu que les bénéfices réalisables par la caisse nationale d'assurances soient employés au profit des assurés, et notamment pour augmenter les secours alloués aux veuves et aux enfants mineurs, après la mort, par accident, du chef de famille.

Après discussion, la Chambre adopte ce rapport, le convertit en délibération, et en décide l'envoi

à MM. les Ministres,
les Sénateurs,
les Députés,
et aux Chambres de commerce.

Pour extrait :

Le Président de la Chambre de commerce du Havre,

F. MALLET.

Havre. — Imprimerie BRENIER et Cie, rue Beauverger, 2.

www.ingramcontent.com/pod-product-compliance
Lightning Source LLC
LaVergne TN
LVHW010217230826
846091LV00008BB/3552